CATALOGUE

DES

SIÈGES ET MEUBLES ANCIENS

Bergères, Fauteuils, Chaises, Banquettes, etc.
Armoires, Lits, Commodes, Secrétaires, Tables, Bureaux
Encoignures, Buffets, etc.

D'ÉPOQUE LOUIS XV & LOUIS XVI

*Ameublement de Chambre à coucher
en marqueterie de bois. Travail hollandais*

FAIENCES ET PORCELAINES

OBJETS VARIÉS

SCULPTURES, BRONZES, PENDULES

TAPISSERIES

TAPIS D'ORIENT ET D'AUBUSSON

DONT LA VENTE AUX ENCHÈRES PUBLIQUES AURA LIEU

HOTEL DROUOT, SALLE N° 6

LE MARDI 20 MAI 1913

A deux heures

M° F. LAIR-DUBREUIL	**MM. PAULME & B. LASQUIN Fils**
COMMISSAIRE-PRISEUR	EXPERTS
6, rue Favart	10, rue Chauchat | 11, rue Grange-Batelière

EXPOSITION PUBLIQUE

Le Lundi 19 Mai 1913, de 1 heure et demie à 6 heures

CONDITIONS DE LA VENTE

Elle sera faite au comptant.

Les adjudicataires paieront *dix pour cent* en sus des enchères.

Paris. — Imp. de l'Art, Ch. BERGER, 41, rue de la Victoire.

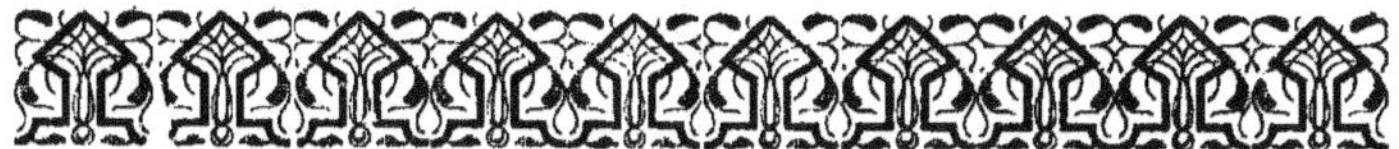

DÉSIGNATION

FAIENCES ET PORCELAINES

1 — Onze pièces : plats, compotiers et assiettes, en faïences diverses.

2 — Vasque en porcelaine de Chine fond jaune, à décor de fleurs.

3 — Vasque en porcelaine de Chine fond bleu, sur pied-support en bois de fer.

4 — Deux assiettes en ancienne faïence de Delft, décors bleu et polychrome.

5 — Grande fontaine avec son bassin, une cuvette de bidet et une coupe lobée à piédouche en ancienne faïence, décors polychromes.

6 — Plat rond et compotier en ancienne faïence de la Compagnie des Indes, un sucrier et un présentoir en porcelaine genre Saxe, décors variés en couleurs.

7 — Deux vases cylindriques en céramique, décors en relief, sur pieds en bronze.

8 — Soupière, avec son couvercle et son plateau, en faïence fine, à côtés obliques, décor petites gerbes en bleu.

9 — Cache-pot en faïence, anses à rocailles, décor de guirlandes en bleu. Marque *M.* en bleu.

10 — Deux vases, à anses col de cygne, en porcelaine de Paris. Commencement du XIXe siècle.

11 — Plat ovale en ancienne faïence de Moustiers, décor bleu. — Assiette, même faïence, décor grotesque camaïeu. — Assiette en ancienne faïence hollandaise, décor polychrome. — Deux citrons en ancienne faïence décorée au naturel. — Coupe en faïence, genre Palissy.

12 — Grand plat rond en ancienne porcelaine du Japon, décor de cigognes et de fleurs.

13 — Deux assiettes en porcelaine de la Compagnie des Indes, décor à fleurs.

14 — Grand plat rond en ancienne faïence de Delft, décoré au centre d'une pagode et d'arbustes ; marli à compartiments fleuris.

15 — Grand plat rond en ancienne faïence de Delft, décoré au centre d'un lion.

16 — Grand plat rond en faïence de Nevers, décor à fleurs et arbustes.

17 — Paire de gros vases couverts en ancienne faïence de Rouen, décor de scènes champêtres : la Moisson; anses formées par des mascarons à têtes de personnages.

18 — Sucrier et pot à crème avec leur couvercle, et une petite tasse et sa soucoupe, en ancienne porcelaine tendre de Chantilly, décor bleu.

19 — Quatre compotiers, à bord festonné, en ancienne porcelaine pâte tendre de Chantilly, décor dit à l'épée ou à la brindille, en camaïeu bleu.

20 — Cinq assiettes creuses en ancienne porcelaine pâte tendre de Chantilly, décor dit à l'épée ou à la brindille, en camaïeu bleu.

21 — Six tasses avec leur soucoupe, deux petites théières à couvercle et bec en argent, un sucrier couvert en ancienne porcelaine tendre de Sèvres, décor : semis de roses.

OBJETS VARIÉS

22 — Huilier en argent. Époque Restauration.

23 — Petite cafetière en argent ciselé. Époque Louis XVI.

24 — Petite marmite à anse en argent.

25 — Cafetière en argent repoussé et ciselé. Style Louis XV.

26 — Petite bonbonnière ovale en or finement ciselé. Époque Louis XVI.

27 — Fusil arabe en bois noir, garni de cuivre.

28 — Deux confituriers et huit flacons en verre fondu ou taillé.

29 — Quatre mouchoirs en batiste brodée et garnis de dentelle.

30 — Escarcelle en perles de verre de couleurs, avec fermoir en argent gravé, xviiie siècle, et une bourse en soie blanche et marcassite, à coulants.

31 — Une tabatière et trois petites boîtes en écaille noire, cuivre et carton. xviiie siècle.

32 — Étui en ivoire japonais sculpté et applications d'ivoire teinté et nacre, et une statuette de Vierge en ivoire.

33 — Coffret en bois clair, à décor de rinceaux, d'écoinçons, et l'inscription : *Souvenirs*, cloutés.

SCULPTURES

34 — Deux vases en albâtre sculpté.

35 — Deux statuettes en terre cuite : Joueur de biniou et Paysanne dansant.

36 — Deux petits groupes en terre cuite : la Leçon de biniou et l'Oiseau envolé.

37 — Petit buste d'enfant en terre cuite.

38 — Statuette de Cérès en terre cuite peinte.

30 — Statuette d'enfant, portant une coupe, en terre cuite.

40 — Bassin de fontaine, de forme ovale, en marbre rouge des Pyrénées, à godrons en relief.

41 — Christ en ivoire, dans un cadre en bois sculpté redoré. Époque Louis XIII.

42 — Figure d'angelot en terre cuite peinte et dorée, et une corbeille de fleurs et fruits en bois sculpté du xviiie siècle.

43 — Coupe et deux vases en albâtre.

44 — Christ en bois sculpté.

45 — Deux petites cariatides en bois sculpté, peint et doré.

46 — Deux statuettes en bois sculpté, partiellement doré.

47 — Aigle de lutrin en bois sculpté.

48 — Colonne en marbre de couleur.

49 — Paire de flambeaux d'église en cuivre argenté, du xviiie siècle.

50 — Deux corbeilles à anses, formées de branchages de cuivre.

51 — Samovar et coupe couverte en cuivre rouge.

52 — Lampe et potence en bronze doré. Style antique.

53 — Deux lampes, avec monture en bronze doré, base à trépied à sphinx à tête de femme, portant la signature de *Thomire et Cie*, *à Paris*. Époque de la Restauration.

54 — Lanterne en fer.

55 — Statuette de Bacchus debout en bronze.

56 — Lion dévorant un sanglier. Groupe en bronze patine brune, par FRATIN. Socle en marbre vert de mer.

57 — Surtout de table, de forme ovale en une seule partie, en bronze argenté, à galerie ajourée, à balustres et rang de perles, et fond de glace. Époque Louis XVI.

58 — Pendule en bronze doré, à sujet : la Marchande d'Amour. Époque Empire.

59 — Pendule d'applique avec son socle-support en marqueterie de cuivre et écaille, ornée de bronzes : statuette de Renommée, pieds volutes rocailles et feuillages.

59 bis — Cartel en chêne sculpté, de style Régence, avec cadran ancien.

SIÈGES ET MEUBLES

60 — Deux chaises, à dossiers renversés, et ajourés, en bois sculpté ciré, décor de rosaces losangées. Époque Directoire. Le siège est garni de satin rouge broché.

61 — Chaise en acajou, à dossier renversé et ajouré,
simulant une cassolette à godrons. Époque Directoire. Garnie au siège de satin rose broché.

62 — Chaise en bois sculpté, à dossier renversé et
ajouré, à décor de rosace dans un losange.
Époque Directoire. Le siège garni de satin rose
broché.

63 — Bergère en bois mouluré ciré, à pieds fuselés
et cannelés. Époque Louis XVI.

64 — Fauteuil en bois laqué blanc. Accotoirs à
colonnettes-balustres. Fin du xviiie siècle.

65 — Fauteuil, de forme contournée, en bois sculpté,
canné, décor coquilles, feuillages. Époque Régence.

66 — Quatre chaises et deux fauteuils de campagne
en bois peint blanc, garnis de cretonne.

67 — Quatre chaises et deux bergères en bois ciré,
à dossiers renversés. Époque Directoire. Garnies
de soie à rayures blanches et vertes et fleu-
rettes.

68 — Deux fauteuils en bois tourné ciré, à hauts
dossiers, couverts de tapisserie au point. Époque Louis XIII.

69 — Chaise en bois tourné, à haut dossier, couverte de tapisserie au point fond jaune. Époque Louis XIII.

70 — Fauteuil en bois tourné, à traverses d'entre-jambe, garni d'ancienne tapisserie au point.

71 — Fauteuil en bois sculpté ciré. Époque Louis XV. Garni de soie jaune brochée de fleurs de couleurs.

72 — Douze chaises de salle à manger en bois tourné, de l'époque Louis XIII, garnies de velours rouge.

73 — Petit tabouret de pied rectangulaire, recouvert en velours vert. Fin du xviiie siècle.

74 — Tabouret de pied en bois sculpté peint, garni de tapisserie au point.

75 — Deux tabourets en bois sculpté, recouverts de tapisserie au point.

76 — Deux chaises, à dossier-médaillon, en bois sculpté ciré, cannées. Style Louis XVI.

77 — Banquette en acajou sculpté, recouverte d'étoffe à rayures.

78 — Cinq chaises en bois peint blanc, cannées à dossier-médaillon. Époque Louis XVI.

79 — Deux bois de chaises, à dossier-médaillon.
Époque Louis XVI.

80 — Six bois de fauteuils, à dossier-médaillon.
Époque Louis XVI.

81 — Fauteuil à joues en bois tourné, ciré, garni
de tapisserie au point.

82 — Deux fauteuils en bois ciré. xviie siècle. Gar-
niture de velours rouge.

83 — Fauteuil de bureau, à siège tournant, en bois
mouluré ciré. Couvert en cuir.

84 — Ameublement de salon en acajou sculpté,
accotoirs à têtes de dauphins. Commencement
du xixe siècle. Recouvert en velours frappé
rouge. Composé de : un canapé, cinq fauteuils
et deux chaises gondoles.

85 — Glace rectangulaire, avec cadre baguette en
bois sculpté redoré. Époque Louis XVI.

86 — Glace rectangulaire, avec cadre en bois sculpté
peint blanc. Époque Louis XVI.

87 — Glace rectangulaire, avec cadre à fronton en
bois sculpté redoré. Époque Louis XIV.

88 — Deux encadrements de trumeaux en bois sculpté peint et doré, à motif de baguettes, feuillages et rocailles. Époque Louis XV.

89 — Petite console d'applique demi-lune, à un pied, en bois de placage, tiroir dans la ceinture. Dessus de marbre.

90 — Guéridon rond à tablette d'entrejambe en marqueterie de bois de rose et palissandre. Style Louis XVI.

91 — Petite table-tricoteuse en acajou, à pied-lyre. Style Louis XVI.

92 — Jardinière à trois pieds et tablette d'entre-jambe, en marqueterie de bois de rose. Style Louis XVI.

93 — Vitrine en bois sculpté doré, à fond de glace et tablette de verre.

94 — Encoignure en bois sculpté ciré, ouvrant à deux portes. Époque Louis XVI.

95 — Paire d'encoignures en marqueterie de bois de couleurs à vase de fleurs, ouvrant à une porte. Dessus de marbre blanc.

96 — Bureau-dos d'âne en bois de placage, à quatre pieds-gaines. Époque Louis XVI.

97 — Bureau-dos d'âne en bois de placage, à quatre pieds cambrés. Époque Louis XV.

98 — Lit en bois sculpté ciré, à colonne détachée. Époque du Directoire.

99 — Console demi-lune en bois sculpté doré, à quatre pieds et croisillon à vase. Dessus de marbre blanc. Époque Louis XVI.

100 — Petite table, de forme rectangulaire et contournée, à quatre pieds cambrés en acajou.

101 — Écran en acajou, avec feuille en tapisserie au point. Époque Empire.

102 — Guéridon à trépied et deux tablettes en acajou. Fin du xviiie siècle.

103 — Petit meuble, ouvrant à deux portes, en acajou et filets de palissandre et incrustations de cuivre. Dessus de marbre blanc. Fin du xviiie siècle.

104 — Paravent à cinq feuilles, en toile peinte à fleurs et encadrement à rinceaux.

105 — Écran Empire en acajou, orné de bronze doré, avec feuille de tapisserie au point, à décor de vase de fleurs.

106 — Guéridon rond en acajou, à quatre pieds fuselés et cannelés, muni de deux tiroirs et deux tirettes. Dessus de marbre blanc, ceinturé d'une galerie ajourée en cuivre. Époque Louis XVI.

107 — Petite table ovale, à tablette d'entrejambe et trois tiroirs, en marqueterie de bois de couleur, fleurs et attributs. Galerie ajourée en cuivre.

108 — Table rectangulaire en bois sculpté, à pieds cambrés, décor de rinceaux. Dessus de marbre.

109 — Porte-manteau en bois sculpté peint, décor de rinceaux, têtes en métal. Époque Directoire.

110 — Console-desserte en acajou, munie de deux tablettes inférieures. Dessus de marbre et galeries ajourées en cuivre. Époque Louis XVI.

111 — Grande étagère en acajou, à tablettes et quatre tiroirs.

112 — Table rectangulaire en bois tourné ciré. XVIIe siècle.

113 — Table ronde en acajou. En partie du XVIIIe siècle.

114 — Buffet de salle à manger en acajou, ouvrant à deux portes et un tiroir. Dessus de marbre. Fin du XVIIIe siècle.

115 — Buffet bas Louis XVI en acajou sculpté, ouvrant à deux portes. Dessus en marbre blanc.

116 — Chiffonnier, à six tiroirs, en acajou. Dessus
de marbre.

117 — Commode en marqueterie de bois, ouvrant à
trois tiroirs ; garnitures en bronze. Dessus en
marbre rouge. Époque Louis XIII.

118 — Commode, à deux tiroirs, en marqueterie de
bois de rose et couleurs à bouquet de pensées
et filets ; elle repose sur quatre pieds cambrés
et ornés de bronzes : chutes, anneaux, entrées
de serrure, sabots. Dessus de marbre blanc.
Époque Louis XVI.

119 — Ameublement de chambre à coucher, compre-
nant un lit, une armoire à trois portes avec
glaces et deux tables de chevet, le tout de
forme contournée, en marqueterie de bois de
couleurs à rinceaux de feuillages et fleurs.
Travail hollandais.

120 — Commode, de forme contournée et ventrue,
à trois rangs de tiroirs, en marqueterie de bois
de couleurs à rinceaux de feuillages, fleurs et
arabesques ; ornée de bronzes. Travail hollandais.

121 — Commode, de forme contournée, en marqueterie de bois à fleurs, à trois tiroirs, ornée de
bronzes. Style Louis XV.

122 — Petit meuble à quatre pieds cambrés, formant secrétaire, en marqueterie de bois de
couleurs. Style Louis XVI.

123-124 — Deux meubles-bahuts Louis XV en bois
sculpté.

125 — Armoire ancienne en bois sculpté.

126 — Armoire ancienne en bois mouluré.

127 — Lit en bois laqué blanc Louis XVI.

128 — Lit en bois peint, à colonnettes détachées et
pommes de pins. Époque Louis XVI.

TAPISSERIES

TAPIS D'ORIENT ET D'AUBUSSON

129 — Encadrement, formant cantonnière, fait de bordures en ancienne tapisserie, présentant des arbres chargés de fruits, des perroquets et des ornements divers.

Haut. de chaque pente, 2 m. 95 cent.
Larg. du bandeau, 2 mètres.

130 — Tapisserie, présentant un personnage debout et tenant un bâton de commandement. Bordure à trophées d'armures, armes et instruments de musique , feuillages et nœuds de rubans. XVIIᵉ siècle.

Haut., 2 m. 70 cent.; larg., 1 m. 43 cent.

131 — Petite carpette orientale en soie, à fond blanc décoré d'un arbre avec oiseaux et animaux.

132 — Carpette orientale, fond gros bleu, à bordure d'encadrement fond blanc orné de vases de fleurs en couleurs.

133 — Grand tapis à dessins réguliers sur fond blanc avec rosace centrale. Bordure d'encadrement fond rouge.

Long., 5 mètres ; larg., 4 m. 25 cent.

134 — Grand tapis d'Aubusson, décoré au centre d'une rosace et couronne de fleurs sur fond rouge. Bordure d'encadrement fond jaune et fleurs.

> Long., 5 mètres ; larg., 4 m. 20 cent.

135 — Grand tapis genre Smyrne, à dessins réguliers sur fond rouge. Bordure d'encadrement fond blanc.

> Long., 3 m. 40 cent.; larg., 4 m. 60 cent.

136 — Tapis long d'Orient, décor de palmettes en rouge et vert sur fond noir. Bordure en polychrome.

> Long., 5 m. 85 cent.; larg., 1 m. 4 cent.

137 — Objets omis.